Du mois de May 1552.

EDICT DV ROY,

Contenant la Creation & Erection des Lieutenans Criminels és Sieges Presidiaux.

A PARIS,

Par P. METTAYER, Imprimeur & Libraire ordinaire du Roy.

M. DCXXVIII.

(10)

EDICT DV ROY,

Contenant la Creation & Erection
des Lieutenans Criminels és
Sieges Presidiaux.

ENRY par la grace de Dieu Roy de France, à tous presens & à venir, salut. Comme feu nostre tres honoré seigneur & Pere, le Roy dernier decedé, que Dieu absolue, apres plusieurs plaintes, doleances & clameurs, faictes par nos subjets, des grādes longueurs que faisoient les Iuges, Baillifs, & Seneschaux, à l'expedition & decision des procés criminels : & que par leur negligence, ou pour estre par trop chargez & occupez d'autres affaires & procez, lesdits procez criminels demeuroient arrestez, les prisonniers longuement detenus és prisons, & les crimes impunis: auroit par son Edict, du mois de Ianuier,

mil cinq cens vingt & deux, creé, erigé, &
eſtably, en chacun des Bailliages, Seneſ-
chauſſées, Preuoſtez & Iuriſdictions de
noſtre Royaume, & ſieges d'iceux, reſſor-
tiſſans, ſans moyen, en nos Cours de Parle-
ment, vn Lieutenant Criminel, qui auroit
la cognoiſſance, iugeroit & decideroit de
tous crimes, offenſes & delicts, qui ſeroient
faicts, commis & perpetrez en & au dedans
des fins & limites du Bailliage, Seneſchauſ-
ſée, Preuoſté & Siege où il ſeroit eſtably,
& reſſort d'iceluy, tout ainſi que faiſoient
lors les Lieutenans des Baillifs & Seneſ-
chaux, Preuoſts, & autres Iuges deſſuſdits,
ſans que deſlors en auant les Lieutenans
en euſſent plus aucune cognoiſſance : Ains
s'il en eſtoit intenté procez pardeuant les
Lieutenans Ciuils, ils euſſent à les renuoyer
pardeuant les Lieutenans Criminels, deſ-
quels les appellations reſſortiroient, ſans
moyen, à nos Cours de Parlemens. Suiuant
lequel Edict, pluſieurs auroient eſté pourueuz deſdits Offices de Lieutenans criminels, tant par noſtredit feu ſeigneur & Pere, que nous. Mais pluſieurs Lieutenans generaux, Ciuils, & Particuliers, auroient
trouué moyen d'eux faire pouruoir deſdits
Offices de Lieutenās Criminels, auec leurs

autres Offices de Lieutenans generaux, Ciuils & Particuliers, & en auroient obtenu
difpenfe. Autres auroient fait fupprimer
lefdits Offices des Lieutenans Criminels,
pour cognoiftre tant de matieres ciuiles,
que criminelles. Et depuis fur l'empefche-
ment, incapacitez & incompatibilitez con-
tre eux alleguées, ont obtenu plufieurs iugemens & arrefts, tant de noftredit feu
Seigneur & Pere, que de nous & de nos
Cours de Parlemens & grand Confeil. Par
lefquels lefdits Lieutenans generaux ont
efté maintenus & conferuez efdits Offices
de Lieutenãs generaux, Ciuils & criminels
enfemblément, & obtenu plufieurs proui-
fions & declarations, tant de nous que de
noftredit feu Pere, pour nonobftant lefdi-
tes incompatibilitez & autres chofes quelf-
conques, tenir & exercer lefdits offices de
Lieutenãs Criminels, auec leurfdits Offices
ciuils : au moyen dequoy, & pour la grande
affluence des caufes ciuiles, lefdits procez
criminels feroient demeurez & demeurent
indecis, les prifonniers confommez és pri-
fons, & les crimes impunis. Et confiderant
auffi que la confufion de l'adminiftration
de la Iuftice ciuile auec la criminelle, eftoit
caufe en partie defdits inconueniens, def-

A iij

quels estant deuëment aduertis, auons par
Edict, par nous n'agueres fait des Iuges
Presidiaux, non seulement defendu ausdits
Lieutenans criminels, assister au iugement
des procez ciuils: ains aussi pour le repos &
tranquillité de nos subjects, & obuier aux
ports d'armes & excés qui iournellement
sont commis, expressément enioinct soi-
gneusement vaquer au faict de leur charge, sans qu'ils puissent tenir autre office.
Depuis ledit Edict, aucuns desdits Lieutenans generaux pourueuz desdits offices de
Lieutenans criminels, auroient par impor-
tunité, desguisément, ou autrement, obtenu de nous autres lettres de declaration &
prouision, pour nonobstant ledit Edict, &
autres quelscõques, tenir & exercer lesdits
offices de Lieutenans generaux, Ciuils &
Criminels ensemblément, en enfraignant
& contreuenant directement par ce moyen
audit Edict de la creation desdits Offices
de Lieutenans Criminels, & autres, par
nostredit feu Pere & nous faicts, au grand
retardemét de l'expedition desdits procez
criminels, lesquels sont rendus immortels.
Et lesdits crimes demeurent non seulemét
impunis, mais pullulent de iour en iour, à
la grande foule & oppression de nos sub.

jects. Tous lesquels inconueniens, longueurs, retardemens & impunitez de crimes, sont encores auiourd'huy pour prendre plus longs traicts, & estre plus conti-
nuez, attendu la grande charge qu'ont auiourd'huy nos Magistrats Iuges Presidiaux,
pour l'attribution que nous leur auons
faicte, outre la iurisdiction ordinaire, de
iuger en dernier ressort & prouision, selon
les Edicts par nous faicts és mois de Ianuier
& Mars derniers passez. A toutes lesquelles
choses, pour la consequence & importan-
ce des cas, soit requis estre promptement
pourueu. SÇAVOIR FAISONS, que
nous apres auoir fait mettre ceste matie-
re en deliberation, tant auec les gens de
nostre Conseil, auquel estoient plusieurs
Princes & Seigneurs de nostre sang, & autres grands & notables personnages, estans
lez nous, que ceux que nous auons establis
au Cõseil, pres de nostre tres chere & tres-
aymée compagne la Royne : Auons par
leur aduis & deliberation, ordonné & ordonnons, que ledit Edict faict par nostredit
feu Pere, au mois de Ianuier, l'an mil cinq
cens vingt & deux, sortira son plein & en-
tier effect, & sera entretenu de poinct en
poinct, selon sa forme & teneur, en tous les

fieges Prefidiaux, eftablis & à eftablir par nous & nos fucceffeurs, par tout noftre Royaume, païs & feigneurie de noftre o-beïffance. Et en ce faifant, qu'en chacun de nofdits Bailliages, Senefchauffées, Pre-uoftez & Iurifdictions prefidiales de noftre Royaume, y aura vn Iuge Magiftrat crimi-nel, & lequel nous auons de nouuel creé, erigé & eftably : & par Edict perpetuel & irreuocable, creons, erigeons & eftabliffons en chef & tiltre d'office formé, aux gages de cent liures tournois. A iceux auoir & prendre, & luy eftre baillez & deliurez par chacun an fur les deniers ordonnez eftre leuez pour l'entretenemět de chacun fiege Prefidial. Et felon qu'il eft dit & ordonné, pour les autres nos Officiers Confeillers, & Magiftrats d'iceux, par noftredit Edict du-dit mois de Mars dernier paffé. Lequel Magiftrat & Iuge criminel, auec le Lieu-tenant particulier, & les Confeillers par nous eftablis en chacun fiege Prefidial, qu'il appellera felon la grauité & poids des matieres, & ainfi qu'icelles matieres le re-querront : cognoiftra, iugera, & decidera, priuatiuement à tous nos autres Iuges, de tous cas, crimes, delicts & offenfes, qui fe-ront faits, commis & perpetrez au Baillia-

ge,

ge, Seneschauſſée, Siege & Reſſort où il
ſera eſtably, & dont la cognoiſſance luy
appartient par l'ordonnance: Vacquera
ſoigneuſement au faict de ſa charge, ſans
qu'il puiſſe accepter, tenir, n'exercer aucun
autre Office de Lieutenant General, Ciuil,
ne Particulier, ne ſoy diuertir à autres matieres, ne aſſiſter au iugement d'aucun procez ciuil, en quelque maniere que ce ſoit.
Et à ces fins, auons ledit Eſtat de Iuge &
Magiſtrat criminel, diſ-joinct, deſ-vny, ſe-
paré & eclipſé, diſ-joignons, deſ-vniſſons,
ſeparōs & eclipſons deſdits offices de Lieutenans generaux, ciuils & particuliers: Et
neantmoins caſſé, reuoqué & adnullé, caſ-
ſons, reuoquons & adnullōs toutes & cha-
cunes les prouiſions, declarations, diſpēſes,
& autres, que leſdits Lieutenans generaux,
ciuils & particuliers, ont par cy-deuant
obtenuës, tant de noſtredit feu Pere, que
celles qu'ils pourroient auoir obtenu, &
pourroient encores obtenir de nous, en
quelque forme qu'elles ayent eſté, ou puiſ-
ſent eſtre octroyées. Et mis & mettons au
neant pour ce regard, tous arreſts & iugemens donnez en faueur deſdits Lieutenans
generaux, ciuils & particuliers: Par leſ-
quels, au preiudice dudit Edict, dudit an

mil cinq cens vingt-deux, auroit esté ordonné, qu'ils pourroient tenir & exercer
leursdits offices de Lieutenans generaux &
particuliers: & lesdits offices de Lieutenans
criminels ensemblément, auec dispenses
qu'ils auroient obtenuës pour tenir lesdits
offices, & tout ce qui s'en est ensuiuy : sans
ce, qu'en vertu desdites prouisions, declarations, arrests & dispenses, n'autrement en
quelque maniere que ce soit, ils puissent tenir ne exercer lesdits offices de Lieutenant
criminel, auec lesdits offices de Lieutenans
generaux, ciuils & particuliers, quelques
lettres qu'ils en puissent de nous obtenir.
Et pource que par cy-deuãt aucuns desdits
Lieutenãs generaux & particuliers ont pris
& vny à leursdits offices lesdits estats de
Lieutenant criminel, & en ont payé ou peu
payer composition de finance à nous ou
nostredit feu Pere: en ce cas, & en faisant
deuëment apparoir ce qu'ils en aurõt payé,
nous les en ferõs rembourser : sans ce qu'ils
puissent iceux offices resigner, ne autremét
en disposer à present ne pour l'aduenir,
Ainsen auons retenu & retenons à nous la
totale & entiere prouision & disposition.
Et dés à present aussi ne seront par nous
receus à icéux resigner, ceux qui n'auront

fait ou feront apparoir deuëment auoir
payé finance, ains y sera par nous pourueu,
comme vacant en vertu de nostredit present Edict. Et quant aux Lieutenans particuliers & Conseillers ausdits sieges, ils
pourront assister & vaquer aux iugemens
& instructions desdits procez criminels, &
participer aux emolumens, selon leurs re-
glemens; & en leur deffaut & absence, les
plus anciens Aduocats, le tout ainsi qu'il
sera aduisé pour le bien de Iustice, par
nostredit Iuge, & Magistrat criminel.

Et pareillement à la decision & iugement d'iceux procez criminels, pourront
aussi assister, presider & opiner seulement,
& quand bon leur semblera, nosdits Baillifs
& Seneschaux de robbe longue: & sans que
pour ce toutesfois la Iustice ciuile en soit
aucunemēt retardée: & demeureront nosdits Preuost de Paris, Baillifs, Seneschaux
& gouuerneurs de robbe courte, eux &
leurs successeurs, esdits offices & authori-
tez, prerogatiues & preéminences ancien-
nes qui leur appartient, & dont ils ont ac-
coustumé de iouïr & vser, ausquels suiuant
ce, lesdits Lieutenans generaux & particuliers, & les Iuges & Magistrats criminels à
present creez, presteront & porteront hon-

neur, affiſtance, conſeil & reuerence. Auſſi
par ce preſent Edict, & erection, n'enten-
dons aucunemēt priuer les Preuoſts eſtans
és villes & lieux eſquels ſont eſtablis leſdits
ſieges Preſidiaux, de l'exercice & authorité
de la Iuſtice ciuile & criminelle, qui leur appartient au dedās des limites de leurs Preuoſtez, en laquelle ils ſont fondez, ſuiuant
l'ancienne inſtitution de leurs offices: Ains
voulons & nous plaiſt, qu'ils y demeurent
conſeruez, & qu'ils en vſent, ioüyſſent &
les exercent, taut pour le preſent que pour
l'aduenir, comme ils ont ſait par le paſſé, &
ſont de preſent. Semblablemēt, pource que
par cy-deuant, en vertu dudit Edict dudit
mois de Ianuier, mil cinq cens vingt deux,
ou antres Edicts, aucunes perſonnes ſuffi-
ſans ſont ja ſeparément pourueus deſdits
offices de Lieutenant criminel, en aucuns
deſdits Sieges Preſidiaux, ſans qu'ils tien-
nent autres eſtats, ſoit de Lieutenant general ou particulier, ou autre: & partant ſont
capables de tenir ledit eſtat de Iuge & Magiſtrat criminel, par nous à preſent creé.
N o v s à ces cauſes auons voulu, ordonné
& declaré, voulons, ordonnons & decla-
rons, qu'ils tiendrōt leſdits offices de Lieutenans criminels, dont ils ſont pourueus en

estat & qualité de Iuge & Magistrat criminel , auec toute l'authorité, Cour, Iurisdiction & cognoissance de ladite Iustice criminelle attribuée ausdits Estats, par cestuy
nostre present Edict : sans ce, qu'il leur soit
besoin prendre autre prouision ou confir-
mation de nous , sinon pour l'attribution
desdits gages de cent liures tournois, que
leur enjoignons faire , si fait ne l'ont , suiuant le contenu en l'Edict de l'establisse-
ment de nosdits sieges Presidiaux , dudict
mois de Mars dernier passé , & sur les pei-
nes contenuës en iceluy.

Si donnons en mandement à nos
amez & feaux les gens de noz Cours de
Parlemens , Baillifs, Seneschaux, Preuosts,
Maires , Gouuerneurs & Escheuins des
villes & lieux esquels sont lesdits sieges
Presidiaux , & tous nos autres iusticiers &
officiers qu'il appartiendra , que nostre
present Edict & declaration ils gardẽt , ob-
seruent & entretiennent , facent garder,
obseruer & entretenir, lire, publier & enre-
gistrer, par tout où il appartiendra, sans al-
ler, venir, ne souffrir estre cõtreuenu en aucune maniere: en cõtraignant à ce souffrir,
ceux qui ont esté pourueuz desdits offices
de Lieutenans, & tous autres qu'il appar-

tiĕdra , & qui'pour ce seront à contraindre,
par toutes voyes & manieres deuës , & rai-
sõnables : Nonobstant oppositions ou appellations quelscõques , desquelles nous
auons retenu & reserué , retenons & reser-
uons à nous & à nostre Conseil Priué la cognoissance : Car tel est nostre plaisir , non-
obstãt quelscõques Ordonnances , Edicts,
declaratiõs, deféces, & lettres à ce cõtraires.

Et pour ce que de ces presentes l'on
pourra auoir à besongner en plusieurs &
diuers lieux , Nous voulons qu'au v dimus
d'icelles, fait soubs séel Royal, ou collatiõ-
né par l'vn de nos amez & feaux Notaires
& Secretaires, foy soit adioustée , comme à
ce present original : Lequel à fin que ce soit
chose ferme à tousiours , nous auons signé
de nostre main , & à iceluy fait mettre nostre séel , sauf en autres choses nostre droit,
& l'autruy en toutes. Donné au Camp,
pres Deux-ponts , au mois de May , l'an de
grace , mil cinq cens cinquante-deux. Et
de nostre regne le sixiesme.

Ainsi signé ,   HENRY.

Et sur le reply,

Par le Roy,

DE L'AVBESPINE.

Lecta publicata, & registrata, audito Procuratore Regis, & de expresso mandato eiusdem domini Regis, prout & in registro hodierna die facto continetur. Actum Parisiis in Parlamento, vigesima die mensis Iunij, anno domini millesimo quingentesimo quinquagesimo secundo.

Sic signatum, DV TILLET.

Collationné à l'Original, par moy Conseiller, Notaire & Secretaire du Roy.

9 782329 227405